AF283164

O, flexamina atque omnium regina rerum, oratio

EL PEZ ESPADA

*

Almudena María Puebla

Editorial LEDORIA
J   M   R

I.S.B.N.: 978-84-19887-26-9
Depósito legal: TO-30-2024
© Del texto: El autor
© De la edición: Editorial LEDORIA - Jesús Muñoz Romero
* Calle de la Fuente del Moro, núm. 6, Toledo
Teléfono: 925 25 13 81
* Calle del Conde de Casal, núm.47
Las Ventas con Peña Aguilera (Toledo)
Mail: info@editorial-ledoria.com
http://www.editorial-ledoria.com

Diseño de la cubierta: Equipo de la Editorial Ledoria

Para Nico y Chloé,
mis adorados nietos,
que tanta felicidad me dan.
Y para mis hijas Celeste y Leticia,
que son un regalo del cielo.

Versos que nos llenan de alegría

Conocer, hablar con Almudena María Puebla, leer sus poemas, es un verdadero placer.

Pocas veces se puede relacionar a una persona con su obra poética tan profundamente como con esta poeta, que hace de la poesía un modo de vivir en una sociedad cargada de nubes negras y de tinieblas.

Almudena María Puebla, con su palabra vital y su energía positiva, hace que el cielo luzca más brillante y que lo negro se convierta en color y en dulzura. Y lo hace a través de unos poemas sencillos que nos permiten ver más claro el horizonte. Poemas que brincan a nuestro alrededor como delfines en el mar. Poemas que juegan y nos hacen jugar.

La palabra (el verso) al servicio de unos sentimientos íntimos que conmueven y que nos conmueven. Sin artificios innecesarios, el discurso poético de Almudena María Puebla nos permite ver el mundo de otra forma: más limpio, más sonoro, menos egoísta y lleno de esas pequeñas cosas que nos rodean, demasiadas veces, en silencio.

Ella se fija en todo ello y construye poemas hermosos y optimistas que nos llenan de ilusión. Con *El pez espada*, la poeta pone el acento en las cosas que también viven en nuestro mundo y que, pese a ser comunes, a veces no le damos la importancia que tienen. La autora no solo no se aleja de la realidad sino que la llena de esperanza.

Almudena María Puebla escribe para gozar ella y conseguir que entremos en el universo de lo cotidiano con alegría y con esperanza. Hay mucho de estas cosas en sus versos. Versos que componen poemas alegres, que están llenos de esperanza. Versos que buscan la felicidad del lector en aquellas cosas que nos rodean: la lluvia, el sol, los colores, los niños y niñas, las mariposas, las flores, los juegos... y tantas cosas, que nos despiertan los deseos de gozar de la palabra escrita.

Un poemario, pues, que despeja los miedos y que nos hace un poco más felices.

ANTONIO GARCÍA TEIJEIRO
(Premio Nacional de Literatura 2017)

EL PEZ ESPADA

EL PEZ ESPADA

(Para Mercedes Carrascosa y el taller de teatro
de la Biblioteca pública municipal de Orgaz, con todo mi afecto)

El pez espada
es un aventurero,
viaja por los mares
rápido y ligero.

El pez espada
encontró un sombrero
que le sirve de cama
cuando llega el invierno.

El pez espada
tiene una amiga
que le regala sonrisas
cuando llega el día.

El pez espada
sale del agua
para ver a los niños
jugar en la playa.

GLORIA

(Para Laura Velasco y los alumnos del colegio de Burujón,
con todo mi afecto)

Tiene los ojos verdes
como el trigo en primavera,
como la albahaca y la hierbabuena.

Un amplia sonrisa
cubre su cara de niña buena.

Es ordenada y coqueta
muy observadora y atenta;
sabe bonitas historias
que su abuela le cuenta.

Hace un año la conocí
y desde entonces somos amigas.
Yo le enseño gramática inglesa
y ella me da su cariño.

EL COLUMPIO

Papá me ha hecho
un columpio gigante,
en él me divierto
todas las tardes.

Me elevo muy alto,
llego hasta el cielo,
toco a las nubes
y bajo de nuevo.

Arriba, abajo,
arriba, abajo;
me balanceo
como un barco.

Y cuando me canso,
me relajo un rato
mirando a las tórtolas
arrullándose en el árbol.

EL INDIO NUBE NEGRA

(Para Samuel García, con todo mi cariño y afecto)

El indio Nube Negra
odiaba las guerras,
reñir con sus hermanas,
cazar sapos y ranas.

Amaba la paz y la tranquilidad,
y jugar con su amiga Luna Llena
entre las verdes praderas.

Por la mañana,
al levantarse,
solía contemplar el paisaje.
Los árboles, las aves
y los búfalos salvajes.

Por la tarde,
después de la escuela,
visitaba a su abuela.
Le llevaba fruta fresca
dentro de una gran cesta.

Su abuela Lirio Azul
tenía fama de hacer
las mejores tartas de la región.

En casa, sus papás
hacían collares y pulseras
que vendían a los turistas
que visitaban su aldea.

Nube Negra amaba
profundamente su tierra,
el olor de las flores,
el color de la hierba
y las estrellas brillantes
que iluminaban su tienda.

LA ACACIA

La acacia que habita
en la casa derruida
se ha cubierto de vida.

En medio del patio
se yergue orgullosa
cubriendo con sus hojas
las paredes rotas.

Y cuando el viento
le canta al oído
una canción de infancia,
llora lágrimas blancas.

Y por tejados y aceras
deja un rastro de su alma
que los niños pisotean
cuando juegan en la calle.

EL SOL

El Sol se ha marchado
de vacaciones
a una isla del Caribe,
a tumbarse entre las palmeras
de una playa de arena fina.

Se ha comprado un bañador
de rayas azules y lilas,
un sombrero de paja
y unas gafas amarillas.

Se unta bronceador
y todas las mañanas
se baña en las aguas cristalinas.

Al mediodía
se toma su aperitivo
y disfruta de las vistas.

Por las noches se relaja
sentado junto a la piscina
o bailando un pasodoble
con La Luna, su gran amiga.

CINCO DEDITOS
(canción)

Cinco deditos
tienen mis manos
cinco deditos
y ninguno son iguales.

Con ellos me lavo,
conduzco mi bici,
me peino, me visto,
con ellos juego y pinto.

Cinco deditos
tienen mis manos
cinco deditos
y ninguno son iguales.

Con ellos abro las puertas,
saludo a mis amigos
y busco los caramelos
que hay en mi abrigo.

Cinco deditos
tienen mis manos
cinco deditos
y ninguno son iguales.

Con ellos me arropo
en las noches frías,
y acaricio a mi mamá
cuando se pone triste.

Cinco deditos
tienen mis manos
cinco deditos
y ninguno son iguales.

LA BELLA DURMIENTE

La bella durmiente
se ha despertado;
no hay nadie con ella.
¿dónde se han marchado?

Nerviosa baja las escaleras,
todo está en silencio:
Y su príncipe,
¿por qué no llega?

De repente se oyen
ruidos de carretas;
¿será su príncipe
que se acerca?

Presurosa vuelve
a subir,
el príncipe ya está
en las puertas del jardín.

Veloz va al encuentro
de la joven princesa.
—¡Qué bella es!—
el príncipe comenta.

La princesa sonríe
a su amado
que dulcemente
la contempla.

Felices bajan al salón,
allí le han preparado
a la princesa una fiesta sorpresa.
—¡Feliz cumpleaños alteza!

La princesa recibe
un montón de regalos,
el que más le ha gustado
ha sido el anillo
que el príncipe le ha dado.

La joven princesa
sopla ilusionada
las velas del pastel,
mientras piensa en el deseo
que pronto se va a cumplir.

LA LUNA
(Canción)

La Luna juega al corro
con un puñado de estrellas,
canta, canta una canción
que le enseñó su abuela.

Una, dos y tres,
la Luna sonríe.
Una, dos y tres,
las estrellas también.

Una, dos y tres,
es hora de merendar.
Una, dos y tres,
tortilla con pan.

Una, dos y tres,
La Luna tiene sueño.
Una, dos y tres,
se ha ido a dormir.

Pijamita de lunares
la Luna se ha puesto,
y antes de cerrar sus ojos
siempre lee un cuento.

Una, dos y tres,
apaga la luz.
Una, dos y tres,
el sueño llegó.

EL NIÑO SIN MIEDO

(Para Samuel Bargueño García, por ser un niño tan encantador y bueno)

El niño sin miedo
sueña con gnomos,
con brujas muy malas
y piratas sin rostro.

El niño sin miedo
sale de noche
a cazar fantasmas
entre los bosques.

El niño sin miedo
nunca se asusta
de rayos ni truenos
ni días de lluvia.

El niño sin miedo
habita un castillo
con dos fieros dragones
que son sus amigos.

El niño sin miedo
puedes ser tú,
si cierras los ojos
y apagas la luz

COLORES

Pinto el sol de amarillo
y de verde la pradera.
Pinto de rojo las amapolas
y de rosa los gladiolos
que le gustan a la abuela.

Pinto de naranja las rosas
y de marrón la tierra.
Pinto de morado las lilas
y de negro el humo
de las chimeneas.

Pinto tu sonrisa...
no sé qué color usar
de los que tengo en la paleta.

¡Ya sé! La dejaré incolora,
para que cada uno utilice
el color que prefiera.

ME GUSTA

(Para Yolanda Velasco y los alumnos del colegio San José,
de Fuensalida, con todo mi afecto)

Me gusta ver a los niños
jugar en el parque
y contemplar la primavera
que año tras año renace.

Me gusta oír
el sonido de las aves
y el revolotear de las mariposas
sobre las flores.

Me gusta pasear con mi perra
al caer la tarde,
los abrazos, la armonía,
la música y los perfumes.

Me gusta soñar bajo un cielo
cubierto de estrellas, limpio de nubes.
Soñar con que la bondad
inunda el corazón de los hombres.

LA MARIPOSA BLANCA

Me da buena suerte
si pasa a mi lado,
luego vuela al romero,
¡y lo huele, lo huele!

Agitando sus alas
se posa en el rosal,
succiona su néctar
y rauda se va.

Después se aleja
a lo alto del poste
y contemplando la pradera
se pierde en el horizonte.

MARGARITA

Margarita era una niña especial,
cada vez que sonreía
una flor por su boca salía.

Al principio eran flores pequeñitas,
casi minúsculas, pero, poco a poco,
cuanto mejor se reía,
más bonitas las flores aparecían.

Todo el mundo quería saber
el secreto de la niña;
hasta el Ministro de Ruidos y Humos
fue a visitarla una día.

Margarita le enseñó
una sonrisa muy natural
que le quedaba fenomenal.

Desde ese mismo día
el Ministro de Ruidos y Humos
era el que mejor olía
y más flores en su despacho tenía.

Todos pensaban que era una niña genial
por donde pasaba un pétalo de rosas dejaba.

Margarita creció y una escuela abrió
para enseñar a reír a quien no sabía.

PARA CELESTE Y LETICIA
(Mis hijas)

Dos seres menudillos
que alegran mi vida
con su calor y encanto,
con su alegría.

Cabelleras rubias
sueltas al viento,
cogidas de la mano
al salir del colegio.

Las mismas amigas,
la misma ilusión;
corazones unidos
por un mismo amor.

Ojos de noche sin luna,
mejillas rosadas;
sonrisa en los labios
dulzura en la mirada.

Os envuelve la inocencia
de una infancia sin maldad,
ávidas de aprender
por la vida van.

Mis niñas amadas,
mis dulces pequeñas,
sois el mejor regalo
que soñar pudiera.

EL ÁNGEL DE LA GUARDA

Esta noche he visto
al Ángel de la Guarda,
estaba sentado
al borde de mi cama.

Tenía los ojos azules
y las alas doradas,
y una sonrisa dulce
que iluminaba su cara.

Me ha cogido de la mano
y me ha susurrado al oído
que olvide mis pesadillas,
que él siempre estará conmigo.

Después me dormí de nuevo
y seguí soñando sin miedo,
y al despertarme el ángel
rozó mi cara con sus dedos.

LLUVIA

Las nubes no querían
no querían derramar
ni una sola gota
de su fresco manantial.
La niña plantó un geranio
en su bonito jardín,
pero la lluvia no vino
y el geranio se secó al fin.

Triste mira la niña
al cielo todo de azul.
—¿Dónde estarán las nubes?
¿Por qué no quieren venir?—
se pregunta la pequeña
en la mañana de abril.

Seca, muy seca, está
la tierra de su jardín.
Las flores lloran de pena,
porque tienen mucha sed.

Si no llueve pronto
todo se secará,
y este año no podré
ni una sola flor cultivar.

Por fin al mediodía
las nubes llegaron,
y todas las flores
un baño se han dado.

La niña sonríe feliz
y un rosa le llevó
a su mamá que en la cocina
preparaba un rico arroz.

DOÑA IMAGINACIÓN

Doña Imaginación
habita en el fondo
de mi corazón.

Doña Imaginación
conoce mis sueños
a la perfección.

Doña Imaginación
dibuja sonrisas
entre el llanto y el dolor.

Doña Imaginación
me lleva al lugar
donde quiero ir yo.

Doña Imaginación
me ofrece un mundo
de rosa y de azul.

Doña Imaginación
aleja mis lágrimas
los días sin sol.

Doña Imaginación
es la mejor amiga
que tengo yo.

EL ESCONDITE

(Para todos esos maravillosos niños y niñas
que me acompañan cada tarde y a los que tanto quiero)

Cuando juego al escondite
me subo al tejado del patio,
allí no me ven, solo mi gato.

No hago ningún ruido
para que nadie me encuentre
y veo a las tórtolas
bebiendo de la fuente.

Maúlla mi gato,
se tumba a mi lado,
y miramos la luna
brillando en el espacio.

Y cuando todos se han ido,
bajo las escaleras despacio.
Mi madre me llama,
¡el juego ha terminado!

ATRÁS QUEDO EL INVIERNO

Atrás quedo el invierno,
sus días fríos y grises,
la Primavera se divisa.

—¿Qué color prefieres?
pregunta la Primavera
a un campo dormido.

—¡Me gusta el amarillo!

La Primavera
con su varita mágica
cubre al campo de narcisos.

Después se aleja al jardín
y lo adorna entusiasmada
de margaritas y lirios.

Hasta aquel pequeño rosal
que habita junto a la ermita
se ha poblado de vida.

Y yo absorta en el paisaje
me siento feliz en un banco
a disfrutar de la tarde.

LA CABRA BLANQUITA

Mi vecino tiene una cabra
Blanca, blanquita,
que le sigue a todas parte
como un perrito.

Mi vecino le ha comprado
a su cabrita
un cascabel dorado
con una cinta.

La cabrita por las mañanas
se sube a la azotea
y con un telescopio
la pradera contempla.

La cabrita es aficionada
al alpinismo,
de un solo salto
se sube hasta el quinto.

La cabrita juega al fútbol
con los niños de la esquina
y marca goles, muchos goles,
de una manera muy fina.

DOCE MESES

Doce meses tiene el año,
ahora mismo te los cuento:
El primero es enero
y hace tanto frío que me hielo.
Después viene febrero,
los días son más larguitos
y, si el sol brilla en el cielo,
yo me caliento un poquito.
El tercero es marzo
y siempre hace mucho viento,
los almendros tienen flores,
desde mi ventana las veo.
Abril anuncia la primavera,
se llenan de flores las carreteras,
ya no hace frío, llega el calor,
¡se alegra mi corazón!
Mayo es el mes de las flores,
las hay de mil y un colores,
todo está tan bonito,
lleno de rosas y pajaritos.
En junio empieza el verano,
pronto se acaba el cole;
los días son más largos
y más cortas las noches.
En julio me voy de vacaciones
con mis papás hasta el mar,
allí me divierto tanto
que no quiero regresar.
En agosto hace mucho calor,
¡casi no puedo dormir!;
me voy con mis amigos
a la piscina y jugamos

en el jardín.
En septiembre volvemos al cole,
¡empieza a refrescar!,
los pájaros preparan su marcha,
¡hay tanta tranquilidad!
En octubre los árboles
se quedan sin hojas,
¡el frío llegó!,
mamá saca del armario
el abrigo y el camisón.
En noviembre hay mucha niebla,
no se ve nada a tres pasos,
yo camino despacito
para no romperme un brazo.
Y por fin llegó diciembre,
el último mes del año,
el mes de la Navidad,
de los dulces y los regalos.

EL PERRITO

Nadie sabe lo que pasa
al perro de mi vecina Tomasa,
pero en vez de ladrar guau-guau
se confunde y dice miau.
Por la noche, si algún ladrón
se acerca hasta la casa,
maúlla miau-miau-miau,
pero el ladrón no se espanta.
Tomasa está que trina:
—¡Este perro es una ruina!».
Un día, por casualidad,
se encuentra con don Tomás,
el veterinario de la esquina.
Un poco malhumorada
le explica lo sucedido,

después da un gran suspiro
y se sienta en un sillón.
—¡No te preocupes Tomasa,
esto tiene solución
si sigue una dieta sana
y le pongo esta inyección!
Al cabo de unos diez días
el perro ya está curado,
ahora es todo un campeón
y sus ladridos se escuchan
hasta en el mismo Japón.

LA GALLINA LOLA

La gallina Lola
estaba loca de remate,
en vez de poner huevos
ponía tomates.
Las gallinas del corral
se reían sin parar.
¿Cuándo se ha visto
en la historia
una cosa semejante?
Las gallinas ponen huevos
y no tomates.
Pero ella era feliz,
los demás no le importaban
y seguía poniendo tomates
para hacer una ensalada.

Agradecimiento

Quiero dar las gracias por la publicación de este libro a Jesús Muñoz Romero, por hacer que este manuscrito pueda salir a la luz, por su generosidad y buen hacer en la cultura. A Antonio García Teijeiro, por su precioso prólogo y por su amistad. A mis hijas, a mi marido, a mis nietos que me llenan de felicidad. A mis padres, que aunque no están conmigo físicamente los llevo siempre en mi corazón, y como no, a todos esos lectores maravillosos que me animan a seguir trabajando. Gracias de todo corazón.

Almudena María Puebla

ÍNDICE

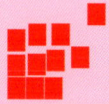

Dulcedo quedam mentis advenit